민본 국가를 꿈꾼 조선 ❶ 조선의 건국과 생활 문화

조선 시대 사람들은 어떻게 살았나요?

글 송찬섭 그림 문종인

다섯수레

조선 시대 사람들은 어떻게 살았나요?

처음 펴낸 날 | 2017년 8월 15일
두 번째 펴낸 날 | 2022년 7월 30일

지은이 | 송찬섭
그린이 | 문종인

펴낸이 | 김태진
펴낸곳 | 다섯수레
주소 | 서울시 마포구 동교로 15길(서울 사무소)
전화 | 02)3142-6611
팩스 | 02)3142-6615
등록번호 | 제 3-213호
등록일자 | 1988년 10월 13일

인쇄 | (주)로얄프로세스
제본 | 책다움

ⓒ 송찬섭, 문종인 2017

ISBN 978-89-7478-411-9 74910
ISBN 978-89-7478-029-6(세트)

이 책을 쓴 송찬섭 선생님은 서울대학교 국사학과 대학원에서 박사 학위를 받았습니다.
현재 한국방송통신대학교 문화교양학과 명예 교수로 계십니다. 조선 사회가 어떻게 운영되었는지, 더 나은 사회를 만들기 위한 움직임은 어떠했는지 관심을 가지고 공부하고 있습니다.
《서당, 전통과 근대의 갈림길에서》,
《옛길이 들려주는 이야기》(공저), 《조선의 멋진 신세계》(공저),
《조선 후기 환곡제 개혁 연구》, 《농민이 난을 생각하다》,
《현장 검증 우리 역사》(공저), 《조선 후기 간척과 수리》(공저) 등을 썼습니다.

그림을 그린 문종인 선생님은 《조선은 어떻게 세계 최대 기록 문화유산을 남겼나요?》, 《발해를 왜 해동성국이라고 했나요?》, 《봄나물에는 무엇이 있을까요?》 등에 그림을 그렸습니다.

편집 | 김경희, 조주영
마케팅 | 이운섭, 천유림
제작관리 | 김남희
디자인 | 이영아

차례

4 조선은 어떤 나라인가요?

4 조선의 영토는 어디까지였나요?

5 조선을 왜 유교 사회라고 하나요?

6 조선의 도읍은 어디였나요?

7 한양은 어떤 모습이었나요?

7 새로운 관청들이 들어선 육조거리는 어디인가요?

8 경복궁은 어떤 곳인가요?

9 조선에는 궁궐이 여러 개 있었나요?

10 왕의 하루 일과는 어떠했나요?

11 왕도 공부를 계속했나요?

11 왕의 호칭은 어떻게 지어졌나요?

12 조선은 법치 국가였나요?

12 가장 중요한 벼슬에는 어떤 것이 있었나요?

13 재판을 담당하는 곳이 어디였나요?

13 암행어사는 어떤 일을 맡았나요?

14 관리는 어떻게 뽑았나요?

15 관리들은 하루에 얼마나 일했나요?

15 관리들은 일한 대가로 무엇을 받았나요?

16 지방은 어떻게 다스렸나요?

17 역을 관리하는 지방관도 있었나요?

18 조선 시대에도 인구 조사를 했나요?

18 모든 토지에 대해 국가에서 세금을 거두었나요?
19 모든 남자는 군대에 갔나요?
19 조선 시대에도 주민등록증이 있었나요?
20 조선 시대에는 신분 제도가 있었나요?
20 양반은 어떤 사람들이었나요?
21 양반은 어떤 대우를 받았을까요?
21 양반들만 족보가 있었나요?
22 평민들은 어떤 사람들을 가리키나요?
22 농기구나 생활용품은 누가 만들었나요?
23 물건 거래도 활발하게 이루어졌나요?
24 어떤 사람들이 노비가 되었나요?
24 노비 외에도 천대받는 사람들이 있었나요?
25 노비를 실제로 잡으러 다녔나요?
25 노비는 언제 해방이 되었나요?
26 양반 여성은 집 바깥에도 나오기 어려웠나요?
26 천인 여성들은 더 많은 일을 했나요?
27 여성만이 맡은 일이 있나요?
27 평민 여성은 남성들과 함께 일을 했나요?
28 양반들은 어떤 옷을 입었나요?
28 조선 사람들은 흰옷을 즐겨 입었나요?
29 평민들은 어떤 옷을 입고 살았나요?
29 모자의 모양도 신분에 따라 달랐나요?

30 조선 시대에는 무엇을 먹고 살았을까요?
31 언제부터 김치를 담가 먹었나요?
32 집 안에는 어떤 시설이 있었나요?
32 남녀가 따로 방을 썼나요?
33 평민들은 어떤 집에서 살았나요?
34 어른이 되기 위한 신고식이 있었나요?
34 결혼은 어떤 절차를 따라 치렀나요?
35 부모님의 상을 당했을 때 의식은 어떠했나요?
35 제사는 누구까지 지냈나요?
36 일반 백성들은 어떤 신앙을 가졌나요?
36 마을마다 어떤 신앙이 있었나요?
37 조선 사람들은 집에 어떤 신이 있다고 믿었나요?
38 마을 사람들은 어떤 놀이를 많이 했나요?
38 씨름은 어느 때 많이 했나요?
39 여성들은 무엇을 하고 놀았나요?

조선은 어떤 나라인가요?

조선은 1392년부터 1910년까지 오백 년이 넘도록 한반도를 통치한 나라예요. 나라가 혼란스러웠던 고려 말, 홍건적과 왜구를 물리치며 공을 세운 이성계와 같은 신흥 무인들과 학문과 실력이 뛰어난 정도전 같은 신진 사대부가 함께 새로운 국가를 세우고 나라 이름을 '조선'이라 했어요. '조선'은 우리나라 최초의 국가였던 고조선에서 가져온 이름입니다. 조선은 우리나라의 마지막 왕조이며 '백성이 나라의 근본'이라는 '민본'을 지향한 국가예요. 이는 국가 제도와 사회 운영에서 잘 드러나 있어요. 훈민정음을 비롯한 문화 예술 분야에서도 그런 특색이 잘 담겨 있습니다.

조선 시대 문화를 상징하는 백자
백자는 단아한 선과 순백의 빛깔만으로도 순박하면서 기품 있는 아름다움을 보여 주어요. 백자는 항아리, 주전자, 대접, 찻잔들로 일상생활 속에서 다양하게 사용되었어요. 국립중앙박물관 소장.

조선의 영토는 어디까지였나요?

조선은 여진족을 물리치면서 북방으로 영토를 넓혀 갔어요. 태종은 압록강 지역에 충청, 전라, 경상도의 주민들을 이주시키며 북방을 개발했어요. 세종은 여진족을 몰아내고 평안도 북부에 4군을 설치하고, 함경도 북부에 6진을 설치했어요. 4군의 '군'이란 고을을 뜻하고, 6진의 '진'은 군사 방어 시설을 말해요. 이렇게 조선은 압록강, 두만강까지 영토를 회복했어요. 오늘날 우리나라의 국경선이 이때 이루어지게 되었지요.

● **팔도는 언제 만들어졌나요?**
조선은 팔도의 이름을 함경도, 황해도, 평안도, 충청도, 경상도, 전라도, 강원도, 경기도로 확정했어요. 각 도마다 중앙에서 관찰사를 파견했어요.

조선을 세운 태조 이성계
이성계는 홍건적과 왜구를 무찌르면서 백성들로부터 신망을 얻은 장수였어요. 요동 정벌을 위해 출정하였으나 압록강을 건너지 않고 위화도에서 회군하여 개경으로 돌아와 여러 신하들의 추대를 받고 새로운 왕조 조선을 세운 조선 제1대 왕이에요. 태조 어진, 국립중앙박물관 소장.

조선을 왜 유교 사회라고 하나요?

조선을 세운 신진 사대부는 '민본'을 내세우고, '유교'를 나라의 근본 정신으로 삼았어요. 유교는 인의예지(어질고, 의롭고, 예의 바르고, 지혜로움)를 바탕으로 충, 효를 중시하는 사상이에요. 유교에서는 임금에 충성하고, 부모에 효도하는 것을 가장 중요하게 여겼기 때문에 나라에서 유교 윤리를 보급하려고 했어요. 백성들은 임금을 하늘처럼 섬겨야 하지만, 임금도 늘 백성을 위한 정치를 펴야 했어요.

동 해

울릉도 독도

- 고려말의 국경선
- 세종 말년의 국경선
- ● 4군
- ● 6진

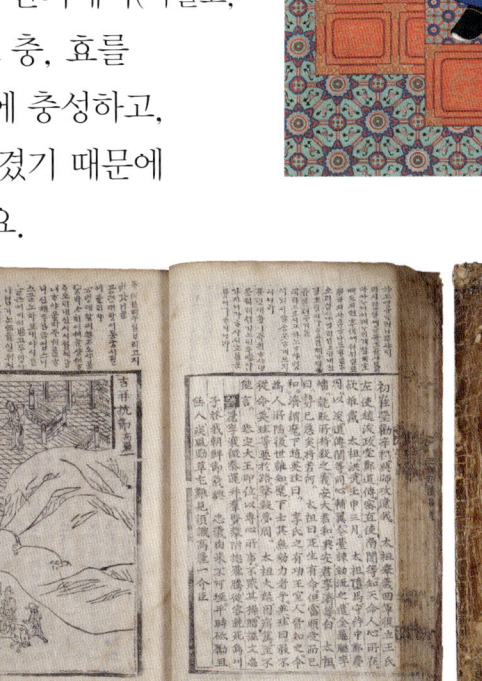

세종 때 유교 윤리를 전파하기 위해 펴낸 《삼강행실도》
세종은 충신, 효자, 열녀의 이야기를 모아 글을 모르는 백성들도 볼 수 있도록 그림을 넣어 《삼강행실도》를 편찬했어요. 그림 위로 한글도 함께 쓰인 걸 볼 수 있지요. 정조는 《삼강행실도》에 《이륜행실도》를 합하여 《오륜행실도》를 편찬했어요. 국립중앙박물관 소장.

● **삼강오륜이란 무엇인가요?**
삼강은 '임금과 신하', '어버이와 자식', '남편과 아내' 사이의 지켜야 할 3가지 강령을 말해요. 신하는 임금을 섬기고, 자식은 어버이를 섬기며, 아내는 남편을 섬긴다는 뜻이에요. 오륜은 군신유의, 부자유친, 부부유별, 장유유서, 붕우유신의 5가지 인간의 도리를 말해요. 임금과 신하 사이에는 의리가 있고, 부모는 자녀에게 인자하고, 자녀는 부모를 공경하며, 남편과 아내는 서로의 본분이 다르고, 어른과 아이 사이에는 순서와 질서가 있으며, 벗 사이에는 믿음이 있어야 한다는 뜻이에요.

조선의 도읍은 어디였나요?

새로운 나라를 세운 이성계는 나라의 수도를 옮기고 싶었어요. 고려의 도읍이었던 개경에는 고려의 신하들이 많이 살고 있어서 통치하기가 어려웠어요. 이성계는 이곳을 떠나 새로운 도읍지를 만들어 국가의 기틀을 다지고 싶어 했습니다. 한양, 계룡산 등 여러 곳을 살핀 뒤 지금의 서울인 한양을 선택한 이성계는 함께 새 왕조를 세운 정도전에게 수도 한양을 건설하게 했어요. 정도전은 새로운 도읍의 설계자로서 경복궁을 비롯한 사대문, 종묘, 사직단의 이름을 짓고 위치도 정했습니다.

한양도성도
한양은 우리나라 중앙에 자리 잡고 있어서 나라 전체를 통치하기에 적합했고, 주변이 높은 산으로 둘러싸여 적을 막기에도 좋았어요. 동서로 한강이 흐르고 있어 이곳을 중심으로 교통과 문화가 발달했고, 조세 운반에도 매우 편리하였습니다. 이성계는 한양 주변에 도성을 쌓고, 새로운 도시를 설계했어요. 호암미술관 소장.

한양은 어떤 모습이었나요?

한양에는 새 도읍지를 관리하는 한성부가 설치됐고, 새로운 궁궐 경복궁이 지어졌어요. 궁궐 동쪽에는 역대 임금의 신주를 모신 종묘를 세우고, 서쪽에는 곡식과 토지의 신을 모시는 사직단을 두었지요. 한양의 주위에는 성곽을 쌓은 뒤 동서남북에 4개의 대문인 흥인지문, 돈의문, 숭례문, 숙정문과 4개의 소문인 혜화문, 소의문, 광희문, 창의문을 만들었어요. 한양 중심을 동서로 가로지르는 운종가(지금의 종로 거리)에는 육의전을 비롯한 많은 상점들이 자리 잡았습니다.

광화문 앞에 세워진 해태
광화문은 경복궁의 정문이에요. 광화문 양 옆으로는 '해치'라고도 불리는 해태가 서 있어요. 해태는 정의로운 자와 사악한 자를 판단하는 능력이 있어 궁궐 앞에 세웠어요. 그 앞으로 펼쳐진 큰길이 육조거리예요. 신하들이 이 길을 지나 궁궐로 출입할 때마다 마음가짐을 바르게 하라는 의미로 세웠어요. 서울역사박물관 소장.

● **육의전이란 무엇인가요?**
비단, 면포, 명주, 종이, 모시, 어물 여섯 종류의 물품을 국가에 조달하는 큰 상점이에요. 이들은 물품을 국가에 조달하는 대신 독점권을 받았고 시장 경제를 지배했어요.

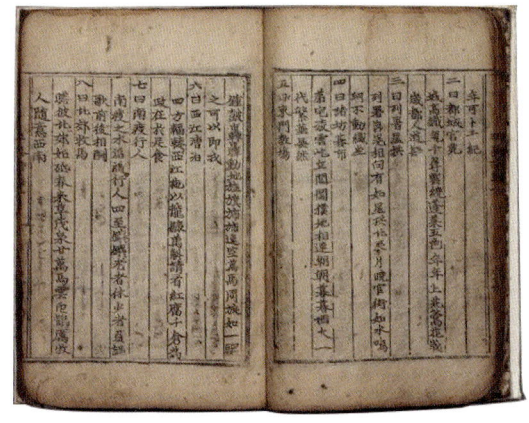

조선의 건국과 통치 이념이 담긴 《삼봉집》
유학자 가운데 가장 개혁적인 인물 삼봉 정도전의 사상이 담긴 문집이에요. 정도전은 유교의 가르침에 따라 새로운 제도를 제안하여 조선의 기틀을 다지는 데 크게 기여하였습니다. 국립중앙박물관 소장.

새로운 관청들이 들어선 육조거리는 어디인가요?

국정을 논의하는 나라의 최고 기관인 의정부와 정책을 만들고 집행하는 육조(이조, 호조, 예조, 병조, 형조, 공조), 감찰 행정을 맡은 사헌부, 수도 한양을 관할하는 한성부가 경복궁의 정문인 광화문 앞 큰길 좌우로 들어섰어요. 그래서 광화문 앞 큰길을 '육조거리'라고 불렀어요. 육조거리는 오늘날 종로구의 세종대로를 말해요. 예나 지금이나 많은 사람들이 오가는 국가를 상징하는 가장 큰길이지요.

경복궁은 어떤 곳인가요?

경복궁은 조선 왕조가 처음으로 지은 궁궐입니다. 궁궐의 남쪽 정문이 광화문이에요. 정문인 광화문으로 들어가서 곧바로 가면 근정전이 보이는데 이곳에서 왕이 신하들과 만나서 여러 가지 일을 논의하지요. 근정전 뒤에는 왕과 왕비의 일상적인 생활이 이루어지는 내전이 있고, 근정전의 오른쪽에는 세자가 활동하는 동궁이 있어요. 궁궐에서 일하는 궁녀들이 생활하는 거처도 있고, 여러 관청과 부속 기관들이 있었어요. 경복궁은 도성의 북쪽에 있어서 '북궐'이라고도 불렀어요. 임진왜란으로 불에 타 버린 뒤에는 조선 말기 고종 때에 이르러 복원되었습니다.

조선에서 가장 먼저 지어진 궁궐 경복궁
1535년 중종 때 경복궁 근정전 앞에서 왕세자였던 인종을 가르치던 서연관들에게 연회를 베푸는 모습을 그린 그림이에요. 경복궁 뒤로 백악산이 그려져 있고, 임진왜란으로 소실되기 전 궁궐의 모습을 볼 수 있어요.
중묘조서연관사연도, 고려대학교박물관 소장.

조선에는 궁궐이 여러 개 있었나요?

경복궁이 세워진 뒤 태종은 경복궁 동쪽에 창덕궁을 지었어요. 그 뒤 대비들을 모시기 위해 창경궁도 지었지요. 창덕궁과 창경궁은 경복궁의 동쪽에 있어서 '동궐'이라고 불렀어요. 그런데 임진왜란이 일어나자 경복궁과 창덕궁이 불에 타 버렸어요. 창덕궁은 왜란으로 피신했던 선조가 돌아와서 정릉동 행궁에 머무르며 복원을 시작했고 광해군 때에 이르러 마무리됐어요. 선조가 머물던 정릉동 행궁은 '경운궁'으로 불렀다가, 고종 이후에는 '덕수궁'으로 불리고 있어요. 광해군 때 지어진 경덕궁은 영조 때 '경희궁'으로 이름을 바꾸었어요. 그래서 조선 시대 궁궐로는 경복궁, 창덕궁, 창경궁, 덕수궁, 경희궁 모두 다섯 곳이 있는 셈이지요.

창덕궁을 그린 〈동궐도〉 부분
순조 때 도화서 화원들이 창덕궁과 창경궁을 그린 궁궐 배치도예요. 궁궐이 화재로 소실되면 다시 복원할 수 있도록 그려 두었지요. 고려대학교박물관 소장.

경희궁을 그린 〈서궐도안〉 부분
경희궁은 경복궁 서쪽에 있어 '서궐'이라고도 불렀어요. 채색을 하지 않고 밑그림 형태로 남아 있는 경희궁 그림이에요. 고려대학교박물관 소장.

왕의 하루 일과는 어떠했나요?

왕은 해뜨기 전 이른 새벽에 일어나서 웃어른에게 문안 인사를 올리는 것으로 하루를 시작했어요. 아침에는 학문이 높은 신하에게 유학이나 역사를 배우며 공부했어요. 왕은 신하들과 공부하면서 나랏일에 대해 토론하고 해결 방안을 마련했어요. 아침 공부가 끝나면 아침 수라를 먹은 뒤 편전에서 신하들과 아침 조회를 열어 국정을 논의했어요. 점심을 먹은 뒤에도 신하들과 공부를 하고 관료를 선발하거나 지방을 다스리는 신하를 만나 고충을 듣고 처리하며 여러 가지 업무를 살폈어요. 저녁에도 낮 시간에 미처 하지 못한 업무를 돌보는 일이 많았어요. 잠자리에 들기 전에는 대비와 왕대비에게 문안 인사를 드리며 하루 일과를 끝냈습니다.

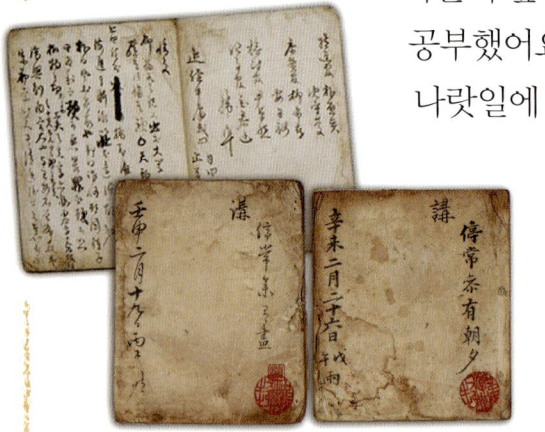

선조 때 기록된 경연일기
왕과 신하들이 함께 토론한 내용을 기록한 책을 '경연일기'라고 해요. 세종은 경연을 위해 집현전을 정비했고, 성종은 하루에 3번 경연에 참석하였어요. 이렇게 자리 잡은 경연은 고종 때까지 이어졌어요. 국립중앙박물관 소장.

왕이 신하들의 하례를 받고 조회할 때 앉는 자리인 어좌
어좌에는 왕을 상징하는 용이 그려져 있어요. 태조 어진에 그려진 어좌와도 거의 비슷한 이 어좌 뒤로는 일월오봉도 병풍이 놓여요. 국립고궁박물관 소장.

● **왕은 궁궐 안에만 있었나요?**
왼쪽 그림은 영조가 청계천 공사를 살피러 궁궐 밖으로 행차한 모습이에요. 흙과 하수로 막힌 물길을 트기 위해 보수 공사를 하는 사람들과 오간수문(수문이 5개로 이루어져 붙은 이름) 위에서 공사장을 내려다보는 영조와 신하들의 모습이 보여요. 이처럼 왕은 궁궐 밖에서도 일을 했어요. 그뿐만이 아니라 백성들의 형편을 살피기 위해 암행을 나가기도 하고, 사냥을 나가거나 성균관에 가서 유생들과 토론을 벌이기도 했어요. 수문상친림관역도 부분, 부산박물관 소장.

왕도 공부를 계속했나요?

왕은 왕으로서 자격을 갖추기 위해 매일 공부를 해야 했어요. 보통 아침, 점심, 저녁 세 차례 공부를 했는데 이를 '경연'이라고 했어요. 경연에는 홍문관 관원과 의정부 대신들이 참여했고, 주로 경전이나 역사책을 택해서 토론하거나 학식 높은 학자를 초빙하여 가르침을 받았습니다. 경연은 공부만 하는 것이 아니라 나랏일에 대해서 논의하는 매우 중요한 시간이었어요. 신하들은 경연을 통해 왕을 비판하기도 했어요. 그래서 경연을 싫어하는 왕도 있었어요. 연산군은 경연을 빼먹고 아예 금지하기도 했지요. 정조는 학식이 매우 뛰어나서 경연에서 오히려 신하들을 가르쳤어요.

영조가 13명의 신하들과 함께 경연을 하는 모습
경희궁의 경현당에서 영조가 승정원 승지와 홍문관 관원들과 함께 《춘추》를 공부하는 그림이에요. 어좌 뒤로 일월오봉도 병풍이 보여요.
경현당어제어필화재첩 부분, 서울역사박물관 소장.

왕의 호칭은 어떻게 지어졌나요?

태조, 영조, 정조나 태종, 세종, 숙종이라는 호칭은 왕이 세상을 떠난 뒤 지어졌어요. 신하들이 빈청에 모여 왕의 업적을 평가하며 호칭을 지어 올리면 새로운 왕이 하나를 선택했어요. 나라를 세우거나 큰일을 한 왕에게는 '조'를 붙였고, 덕이 있는 왕은 '종'을 붙여 호칭을 지었어요. 연산군, 광해군처럼 쫓겨난 왕은 '군'으로 머물렀어요. 왕의 호칭이 정해지면 호칭을 적은 신위를 종묘에 모시고 왕이 친림하여 나라의 번영을 비는 제를 올렸어요. 이를 '종묘제례'라고 합니다.

조선 제21대 왕 영조(재위 1724~1776)
조선 시대 역대 왕들 가운데 재위 기간이 52년으로 가장 길었어요. 처음에는 호칭이 '영종'이었으나, 고종 때 '영조'로 고쳐졌습니다. 영조 어진, 국립고궁박물관 소장.

조선은 법치 국가였나요?

세조는 즉위하자마자 여러 법전을 종합 재편하여 《경국대전》을 편찬하기 시작했습니다. 《경국대전》은 '나라를 다스리는 큰 법전'이라는 뜻이에요. 《경국대전》은 성종에 이르러 반포되었어요. 사회가 조금씩 달라질 때마다 새로운 법전이 나왔지만 가장 기본적인 법전은 《경국대전》이었습니다. 여기에는 국가의 중요한 행정 업무에서부터 백성들의 생활 규범까지 담겨져 있었어요. 《경국대전》이 반포되기 전까지는 중국의 법을 많이 활용했어요. 《경국대전》이 만들어졌다는 것은 조선의 독자적인 법 제도가 이루어졌다고 할 수 있어요.

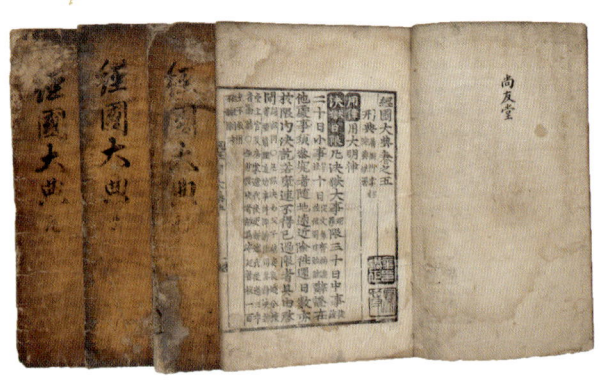

조선의 기본 법전인 《경국대전》
세조에 의해 시작되어 성종에 이르러 완성된 조선의 기본 법전이에요.
국립중앙박물관 소장.

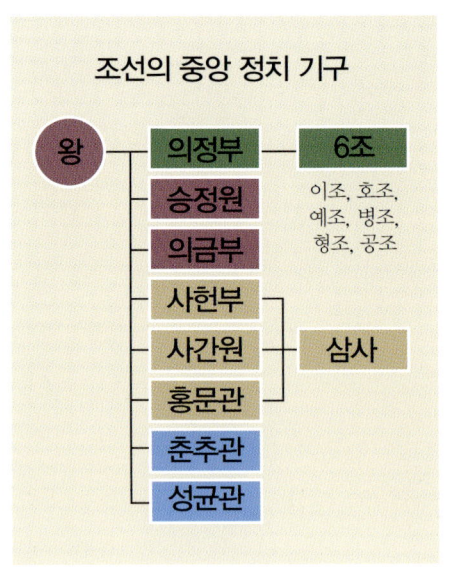

조선의 중앙 정치 기구

가장 중요한 벼슬에는 어떤 것이 있었나요?

가장 중요한 자리는 의정부의 3정승과 6조의 판서였어요. 의정부의 3정승인 영의정, 좌의정, 우의정은 신하들을 대표하는 가장 높은 자리였어요. 이조, 호조, 예조, 병조, 형조, 공조의 6조 판서들은 유교 정치의 기본적인 통치 체계로서 행정을 직접 맡는 자리였어요. 다른 중요한 기구도 많았어요. 왕과 관리들의 잘못을 지적하는 사간원과 사헌부가 있었고, 언론과 왕을 가르치는 역할을 맡은 홍문관도 있었어요. 그 밖에도 왕의 비서실인 승정원과 국가의 큰 죄인을 다스리는 의금부, 역사를 기록하는 춘추관도 있었어요.

● **왕의 비서도 있었나요?**
승정원은 왕의 비서실이에요. 승정원에는 6명의 승지가 있고, 이들 가운데 가장 높은 분이 도승지예요. 도승지는 이조, 좌승지는 호조, 우승지는 예조, 좌부승지는 병조, 우부승지는 형조, 동부승지는 공조를 맡아서 왕의 명령을 6조에 전달하였습니다. 승지들은 지방에서 올라오는 모든 공문서와 신하들이 올리는 상소문, 탄원서를 미리 검토하여 왕에게 올리는 일을 하였고, 국가의 중요한 회의에 참여하였어요.

정조의 두터운 신임을 받은 영의정 채제공
정조가 하사한 부채와 향낭을 들고 있는 모습이에요. 수원화성박물관 소장.

재판을 담당하는 곳은 어디였나요?

조선 시대에는 재판을 하는 곳이 여러 곳 있었어요. 요즘 법무부 격인 형조 외에도 한성부, 사헌부 등이 있었고, 양반들은 의금부에서 재판을 받았어요. 지방에서는 고을의 수령이 동헌 앞마당에서 원고와 피고를 재판했어요. 판결이 부당한 경우 도의 관찰사에게 항소하면 관찰사의 지시에 따라 수령은 다시 재판해야 했어요. 여기서도 판결이 부당하면 중앙의 형조에 상소할 수도 있었고, 최종적으로는 왕에게 아뢸 수 있었습니다.

동헌 앞마당에서 재판이 이루어지는 모습

● **조선 시대에는 무슨 일로 재판을 하였나요?**
세금이나 빚과 관련된 억울한 일, 토지와 노비, 무덤의 주인을 가리는 소송이 많았어요.

암행어사 순찰 기록
1833년에 암행어사 황협이 충청우도를 순찰한 내용을 적은 《수행기》예요. 국립중앙박물관 소장.

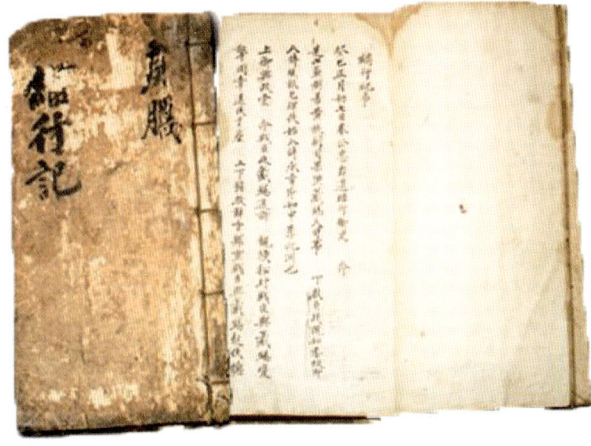

암행어사는 어떤 일을 맡았나요?

나라에서는 여러 가지 일 때문에 관리를 지방으로 종종 파견하였어요. 흉년이 들거나 큰 사건이 생기면 대책을 세우거나 조사를 했어요. 그 가운데 암행어사는 법을 어기는 지방관을 조사할 목적으로 파견하는 관리였어요. 암행이란 말처럼 암행어사는 직책을 숨기고 다니면서 정보를 얻고 조사를 했어요. 그래서 수령들은 암행어사가 혹시 자기 고을에 나타날까 매우 두려워했어요.

마패와 유척
암행어사가 되면 마패와 유척을 받았어요. 마패는 역에서 말을 빌릴 수 있는 표식이에요. 관원의 등급에 따라 말의 마리 수가 다르게 새겨졌지요. 유척은 백성들이 세금으로 내는 옷감의 길이가 규정에 맞는지 재는 도구였어요.
마패, 국립중앙박물관 소장. 유척, 국립민속박물관 소장.

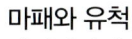

관리는 어떻게 뽑았나요?

조선 시대에는 '과거'를 통해 관리를 뽑았어요. 문관을 뽑는 시험인 문과는 나라를 다스리는 데에 필요한 유학에 대한 소양과 덕목을 알아보는 시험이에요. 문과 시험은 3년마다 정기적으로 치러졌는데 점차 시험이 늘어나서 왕의 즉위나 세자 책봉 같은 나라의 경사가 있을 때나 왕이 성균관을 방문했을 때도 시험을 봤어요. 무관을 뽑는 무과는 병서와 말타기, 활쏘기 같은 무예 실기를 시험하였어요. 잡과는 역관(통역관), 의원(의사), 천문관, 율관(법률가) 등 전문직을 뽑는 시험이었어요. 과거 외에도 하급 행정직은 추천을 통해서 뽑았어요. 이와 달리 생원진사시는 생원, 진사의 자격을 주는 자격시험이었어요. 생원이나 진사는 성균관에 입학할 수 있었으며 관리에 버금가는 예우를 받았어요. 과거 제도는 갑오개혁까지 유지되었습니다.

과거에 급제한 선비의 모습
임금이 내리는 어사화를 복두 뒤에 꽂은 말을 탄 선비가 보여요. 과거에 급제하여 사흘간 한양을 돌며 한껏 자랑을 하는 모습이에요. 고향에 내려오면 수령이 베푸는 잔치에 초대받아요. 집에서도 일가친척이 모이는 잔치를 벌이지요. 평생도 〈삼일유가〉 김홍도 그림으로 전해짐, 국립중앙박물관 소장.

함경도 지방의 무과 시험장 모습
무관을 뽑는 무과 시험은 서울과 지방에서 치러졌고 마지막 시험 단계에서는 왕이 참석하여 장원을 뽑았어요. 무과는 경서 시험도 있었지만 무술 실기가 더 중요했어요. 임진왜란 때에는 서자도 무과에 응시할 수 있게 해 주어 신분 상승이 가능했어요. 국립중앙박물관 소장.

관리들은 하루에 얼마나 일했나요?

해가 길었던 여름에는 아침 5~7시쯤 출근하여 저녁 5~7시쯤 퇴근했고, 해가 짧았던 겨울에는 아침 7~9시쯤 출근하여 오후 3~5시쯤 퇴근했다고 해요. 출근부에 서명한 뒤 일을 시작하였지요. 때로는 야근이나 숙직을 하는 경우도 있었어요. 특히 중하급 관리들은 숙직을 담당해야 했습니다. 그러면 쉬는 날은 언제였을까요? 지금처럼 일요일이 없어서 공식적으로 쉬는 날은 없었다고 해요. 그러나 교대 근무를 하고 휴가를 얻어 성묘를 가고 부모님께 인사드리러 갈 수 있었어요.

● **조선 시대에도 신임 관리는 신고식을 치렀나요?**
과거에 급제하면 성균관에 들어가서 수습 과정을 밟은 뒤 정식으로 관청에 들어가 일을 하게 됩니다. 그런데 신임 관리가 오면 신고식을 했어요. 잔치가 베풀어지고 선임자들이 시키는 대로 춤과 노래도 불렀습니다.

신미(1631)년에 태어난 관리들의 친목 모임
신미년계회첩 부분, 국립중앙박물관 소장.

관리들은 일한 대가로 무엇을 받았나요?

조선 시대에는 관리들에게 3개월에 한 번씩 녹봉을 나누어 주었어요. '녹'은 곡물이고, '봉'은 옷감인 베를 이르지요. 실제로 주로 쌀, 보리, 명주, 베나 돈을 지급했습니다. 초기에는 농민들로부터 조세를 거둘 수 있는 토지도 나누어 주었지만 나중에는 제도가 없어져 버렸어요. 물론 자기 땅을 많이 가진 관리들은 큰 문제가 아니지만 땅이 없는 관리는 생활이 어려웠어요. 녹봉도 갈수록 줄어들어서 녹봉만으로 살기는 힘들었어요. 지방 수령의 경우 녹봉 외에도 고을 통치에 필요한 운영비 명목으로 토지나 재정이 있어 여유가 있었어요. 이 비용으로 손님을 접대하고 문집을 간행하거나 친지들에게 선물을 줄 수 있었어요. 녹봉이 부족해서 지방관으로부터 선물을 받아서 생활한 관리들도 있었다고 해요.

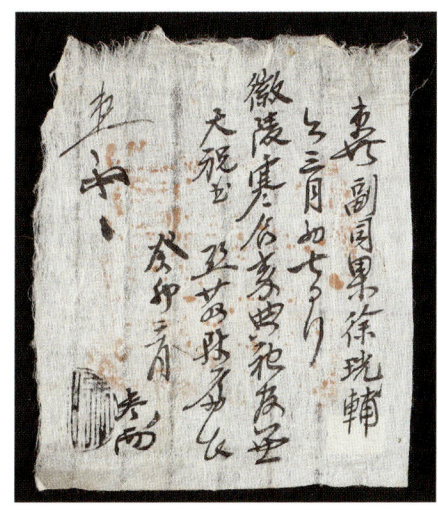

녹봉을 받을 수 있는 증서 '녹패'
이 증서에는 1843년(헌종 8) 3월 7일, 서광보에게 녹과로 3냥을 3월에 지급한다는 내용이 실려 있어요. 이조에서 발급한 이 문서에는 붉은색 관인이 찍혀 있고, 아래쪽에는 봉인으로 보이는 원형의 묵인이 찍혀 있는 걸 볼 수 있어요.
국립고궁박물관 소장.

지방은 어떻게 다스렸나요?

태종은 전국을 8도로 나누고, 그 아래에 약 350여 개의 고을을 두어 중앙에서 관리를 파견했어요. 8도에는 '관찰사' 또는 '감사'라고 불리는 관리를 파견하고 고을에는 '수령'을 보냈어요. 수령은 '국왕의 명령을 지키는 자'라는 뜻으로 왕을 대신하는 일을 맡았어요. 고려 시대에는 수령을 보내지 못하는 고을이 많아서 향리들이 고을을 다스렸지만 조선 시대에는 전국의 모든 고을마다 수령을 보낼 수 있었어요. 그만큼 국가가 정비되었음을 나타내지요. 이제 전국의 모든 백성은 왕의 백성, 국가의 백성이 되었다고 볼 수 있어요.

● **수령은 임기가 있었나요?**
수령의 임기는 5년이었지만 잘 지켜지지 않았어요. 관찰사는 각 도에 파견되는 최고 책임자로 수령의 업무를 감독하면서 중앙에 보고하고, 도의 군사 행정을 맡아 지휘했습니다.

조선팔도고금총람도
조선 팔도인 경기도, 충청도, 황해도, 강원도, 전라도, 경상도, 평안도, 함경도 각 고을의 지리 정보를 기록한 지도예요. 한양을 강조해서 그려 넣은 것을 볼 수 있습니다. 서울역사박물관 소장.

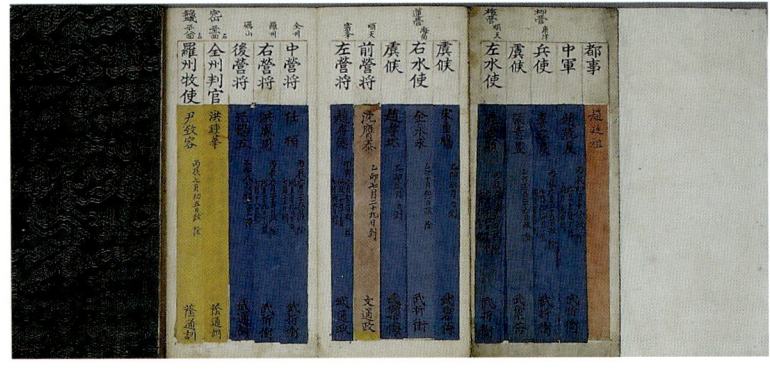

전라도 수령관안
1851년부터 1856년에 걸쳐 부임한 전라도 수령의 이름을 적은 문서예요. 수령의 이름, 벼슬자리를 받은 날과 벼슬자리를 떠난 날이 청색, 홍색, 황색의 색지에 쓰여 있어요. 국립민속박물관 소장.

역을 관리하는 지방관도 있었나요?

지방 통치를 위해 파견된 관리들이 오가는 도로는 매우 중요했어요. 관리들이 타고 다닐 수 있는 말과 먹고 잘 곳을 제공해야 했어요. 도로는 군사들이 이동하는 길이기도 했지요. 조선은 전국을 40여 개의 역도로 나눈 뒤 이 지역을 다스리는 관리인 '찰방'을 파견했어요. 찰방은 감사 밑에 소속되었어요. 찰방에게는 토지도 나누어 주었는데 이를 가지고 역을 운영하고, 역에 소속되어 일할 수 있는 일자리도 만들 수 있었어요. 역에는 파견 관리들이 이용할 수 있는 말이 배치되었고, 암행어사도 말을 이용하기 위해 마패를 가지고 다녀야 했어요.

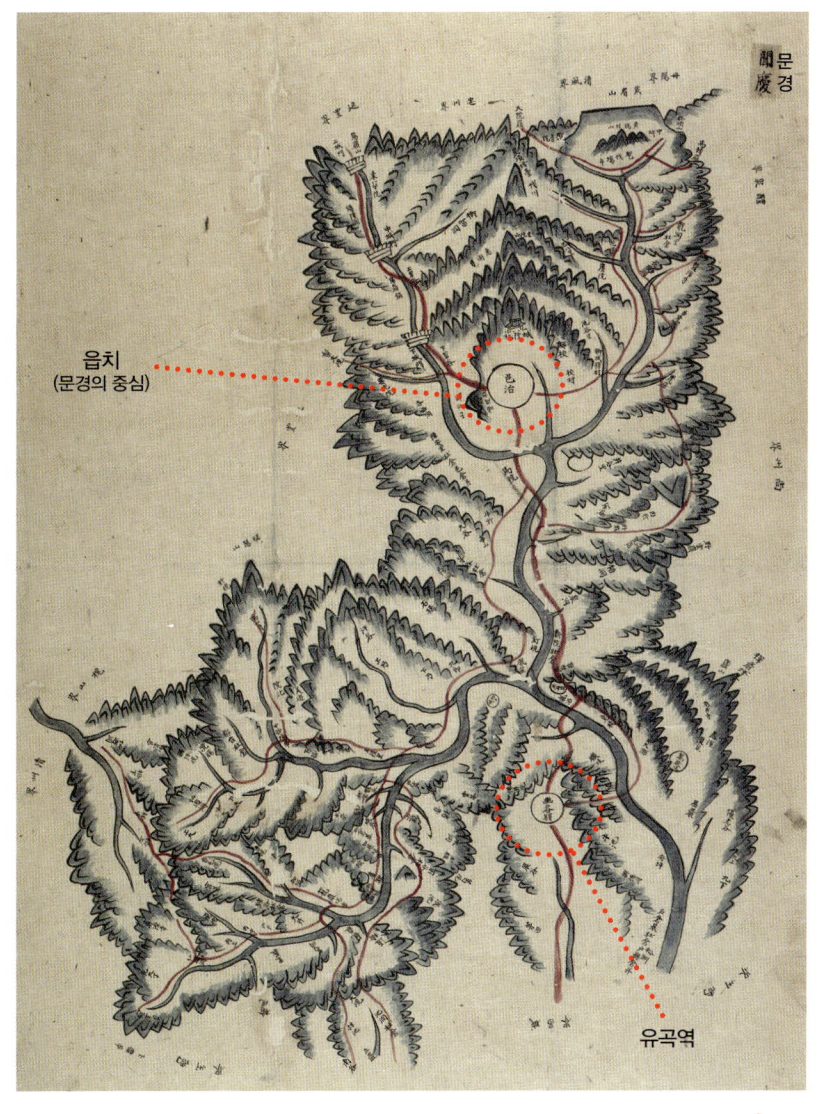

1872년 문경지도
'유곡역'이 표시된 지도예요.
역과 역을 연결하는 길은 붉은색으로 표시했어요.
규장각한국학연구원 소장.

● **이때도 군대가 지역마다 배치됐나요?**
각 도마다 한두 개의 병영과 수영을 두고, 이를 통솔하는 '병사'와 '수사'를 파견했어요. 병사는 그 지역의 육군을, 수사는 수군(오늘날 해군)을 지휘했어요. 다만 북쪽은 육지여서 수군을 두지 않았어요.

정조가 조준에게 함경도를 잘 다스려 줄 것을 당부한 교서
정조가 조준을 함경도 관찰사 겸 병마수군절도사순찰사함흥부윤에 임명하면서
함경도가 국경을 지키는 데 중요한 지역임을 강조하며 백성들을 잘 살펴 달라고 내린 교서예요.
국립중앙도서관 소장.

조선 시대에도 인구 조사를 했나요?

조선 시대에도 인구를 파악하기 위해 호적을 만들었어요. 호적은 한 사람이 어느 집안에 속하는지 신분을 알기 위해 만들었던 공문서예요. 호적대장은 고을 별로 3년마다 계속 고쳐 나갔어요. 호적대장에는 호주와 호주의 부인, 함께 사는 아들, 며느리, 마지막으로 노비와 머슴을 적었어요. 각 사람마다 신분과 이름, 나이, 거주지를 적었지요. 특히 호주와 호주의 부인은 아버지, 할아버지, 증조할아버지, 외할아버지까지 적어서 신분을 철저히 알고자 했어요. 호적은 세금을 매기거나, 신분을 분간하고, 노비의 소유를 확인하는 일에 쓰였어요. 하지만 모든 인구 가운데 절반도 호적에 실리지 못했을 거라고 해요. 그만큼 인구를 모두 파악하는 일은 어려운 일이었어요.

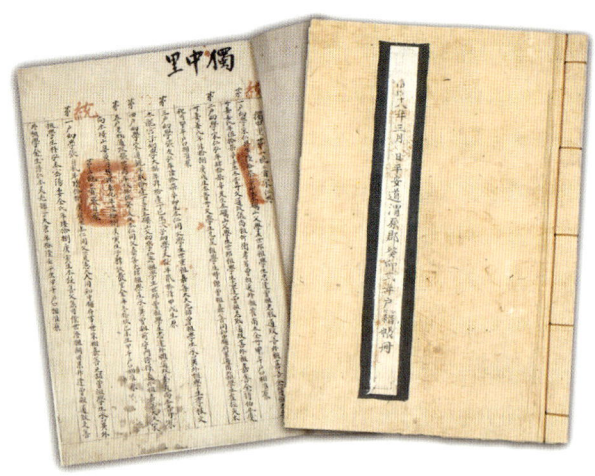

평안도호적대장
국립민속박물관 소장.

모든 토지에 대해 국가에서 세금을 거두었나요?

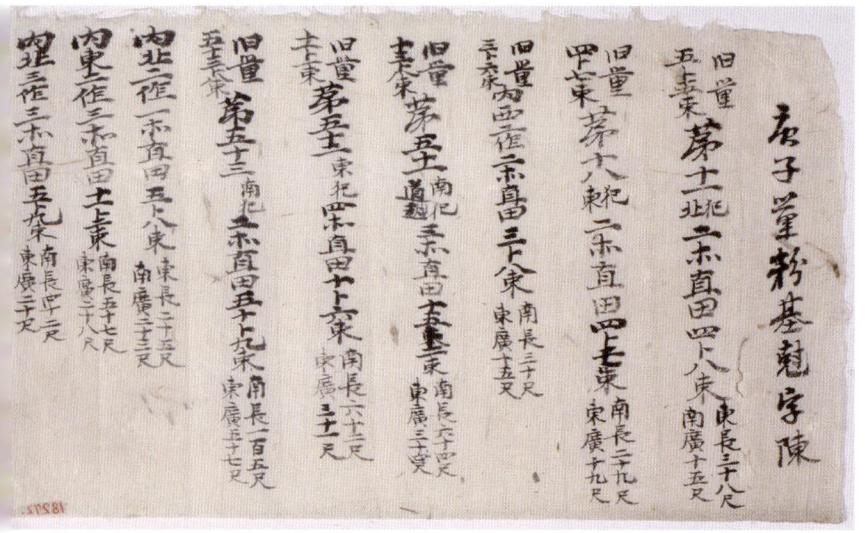

토지대장 경자양안
논밭의 위치, 등급, 면적을 적어 놓고 소득을 파악하는 데 활용했어요. 국립민속박물관 소장.

세금을 거두기 위해 모든 토지를 측량하여 만든 토지대장을 '양안'이라고 해요. 토지대장을 통해 토지 소유 현황과 농가의 소득을 파악하여 쌀과 콩의 수확량의 1/10을 세금으로 걷었어요. 세종 때부터는 토지의 비옥함에 따라 좋은 땅은 많이 받고, 나쁜 땅은 적게 받아 균형을 맞추는 노력이 있었지만 국가나 왕실이 가진 땅에서는 세금을 받지 않았어요. 높은 관리나 힘 있는 사람들도 이런 제도에서 빠져나가 세금을 내지 않았어요. 농민들은 지역에서 출토되는 특산물까지 공물로 바쳐야 해서 부담이 컸어요.

모든 남자는 군대에 갔나요?

군에 가는 일을 군역을 진다고 했어요. 성인 남자들은 군병이 되었고, 군병에게는 식량이나 옷, 그 밖의 필요한 물품을 대주게 되었어요. 보통 남자들은 16살에서 무려 60살까지 군에 가거나 그렇지 못할 경우 군역 대신 세금을 내야 했지요.

본래 군역은 모든 사람이 지게 되어 있었지만 양반들은 면제받는 경우가 많았어요. 군역을 지지 않으려고 향교에 들어가기도 했어요. 향교에서 공부하면 군역을 면제받았거든요. 그러다 보니 돈 없는 일반 농민들이 주로 군역을 지게 되었지요. 군역은 지역마다 일정한 수가 정해져서 이를 채우기 위해 나이가 많거나, 이미 죽은 사람, 금방 태어난 어린아이에게 군역이 매겨지기도 했어요.

군역자의 신분을 확인하기 위한 군역패
강진흥이라는 이름과 주소, 키 등이 기록되어 있어요. 국립민속박물관 소장.

● **성곽을 쌓고 길을 닦는 일은 누가 했나요?**
국가에서 벌이는 사업도 여러 가지 있었어요. 궁궐을 짓거나 적의 침입으로부터 보호하기 위해 성곽을 쌓았어요. 왕이 죽으면 무덤을 쌓는 일도 큰일이었어요. 고을에서도 저수지를 만들기 위해 둑을 쌓고 길을 닦아야 했지요. 이런 노동은 대부분 농민에게 부과되었어요. 농민들은 참으로 힘이 들었어요. 나중에는 돈을 주고 일할 사람을 대신 구해서 시키기도 했어요.

조선 시대에도 주민등록증이 있었나요?

조선 태종 때 호패법이 실시되었는데 호패에는 그 사람의 이름, 나이, 신분, 주소가 표시되어 있었어요. 호패법에 따라 16세 이상의 남자들은 호패를 차고 다녀야 했어요. 호패는 신분을 증명하고 인구수를 파악하기 위해 필요했어요. 신분에 따라 호패의 재질이 달랐어요. 2품 이상 높은 관리들의 호패는 상아로 만들었고, 그다음 신분은 뿔, 회양목, 자작목 순이었어요. 일반 평민들의 호패는 잡목으로 만들었다고 해요. 호패를 위조하는 것은 물론 차고 다니지 않거나 남의 것을 차고 다녀도 처벌을 받았어요.

호패가 보이는 고종의 어진
익선관에 황색 곤룡포를 입고 용상에 앉아 있는 고종의 모습이에요. 왼손 아래로 술이 달린 호패가 늘어뜨려져 있어요. 국립중앙박물관 소장.

상아로 만든 호패

나무로 만든 호패

뿔로 만든 호패 국립중앙박물관 소장.

조선 시대에는 신분 제도가 있었나요?

조선 시대 초기에는 크게 양인과 천인으로 신분을 구분했어요. 양인은 노비가 아닌 모든 사람들을 일컫는 말이었으나 점차 양반, 중인, 상민으로 신분이 나뉘어졌어요. 양반은 사회 지배 계층으로 자리 잡았고, 중인은 양반층 아래에서 행정 실무를 담당하며 주로 관아 앞에서 살았어요. 우리가 평민이라고 일컫는 사람들은 상민을 말해요. 상민에는 농민이나 상인, 수공업자들이 있어요. 사회의 제일 낮은 층에 속하는 천인에는 노비, 백정, 무당, 광대 들이 있었습니다.

지주의 땅을 경작하는 평민인 농부들과 이들을 감독하는 마름의 모습
벼타작, 김홍도, 국립중앙박물관 소장.

● **조선 시대에도 전문직이 있었나요?**
요즘으로 치면 전문직으로 인기 있는 직업들이 조선 시대에도 있었어요. 이를 테면 병을 고치는 의원, 율관(법률가), 역관(통역관), 천문관 들이 있었지요. 이들은 '잡과' 시험을 통해 선발되었고, 양반보다는 낮고 상민보다는 높은 중간 계층으로 중인에 해당하지요.

양반은 어떤 사람들이었나요?

왕이 경복궁 근정전 앞에서 조회를 할 때 문신은 동쪽에 서서 '동반', 무신은 서쪽에 서서 '서반'으로 불렀는데 둘을 합하여 '양반'이라고 했어요. 양반들은 관직에 오르면 집안 여건도 좋아져서 그 후손들도 다시 벼슬길에 오르게 되었어요. 나중에는 이런 관직에 오를 수 있는 사람들을 통틀어서 양반으로 부르게 되었지요. 양반은 벼슬을 하면서 토지도 받고 녹봉을 받아서 경제적으로 여유가 있었어요. 그래서 양반은 직접 일을 하지 않아도 되었고, 공부를 하면서 관리가 되는 것을 목표로 삼았습니다.

경복궁 근정전 앞의 양반들
문신은 동쪽에 서서 동반, 무신은 서쪽에 서서 서반으로 불렀어요. 동과 서, 양 방향으로 배열한 양반의 모습이 잘 나타나 있어요.
궁중가연도병 부분, 국립중앙박물관 소장.

양반은 어떤 대우를 받았을까요?

조선 시대 양반들은 여러 가지로 대우를 받았어요. 과거를 볼 때도 가문을 따졌으므로 결국 양반만이 과거를 보게 되었고, 양반 출신이 관리가 되었어요. 본래 양반도 국가의 모든 의무를 지게 되었으나 여러 가지 세금에서 면제되는 경우가 많았어요. 군역도 면제받거나 특수한 병과에 배정되었어요. 마을에서도 양반집 자손들은 아무리 나이가 어려도 상민들이 모두 높임말을 써서 대우를 했어요. 심지어 양반이 죄를 지었는데도 노비가 양반 대신 매를 맞기도 했어요. 조선 후기에는 양반들이 늘어나면서 대우가 줄어들었어요. 그래서 시장에서 말다툼을 할 때도 '이 양반이' 하면서 대들었다지요.

양반의 행차
가마는 양반만이 탈 수 있었어요. 가마를 지거나 가마 뒤를 따르는 사람들의 모습과 대조를 이뤄요.
김홍도, 평생도 부분, 국립중앙박물관 소장.

양반들만 족보가 있었나요?

조선 시대 양반들은 시조 할아버지부터 집안 사람들의 이름을 모두 적어 놓은 '족보'를 만들기 시작했어요. 이름뿐 아니라 관직, 행적, 무덤의 위치까지 자세히 기록하고 있지요. 부인의 경우는 아버지와 본관을 함께 적었어요. 조선 전기에는 아들, 딸을 태어난 순서대로 적고, 딸들의 자손이라든가 서얼도 적었어요. 그러다가 조선 후기에 와서는 딸에게는 사위 이름만을 넣고 이들의 자녀는 기록하지 않았어요. 서얼은 아예 족보에서 빼 버렸지요. 조선 후기에는 가짜 족보도 많이 만들어졌다고 해요. 돈을 주고 다른 집안의 족보에 몰래 끼어들기도 했어요.

김해김씨 족보
국립중앙박물관 소장.

평민들은 어떤 사람들을 가리키나요?

평범한 보통 사람들은 '상민'이라고 일컬었어요. 상민에는 농민, 상인, 수공업자 들이 있었어요. 상민의 대부분은 농민이었고, 농업 중심 사회였기 때문에 국가에서도 농민을 중시해서 '농자천하지대본'이라고 치켜세우기도 했어요. 상민은 나라의 백성으로서 세금을 내고 군대에 갈 의무가 있었어요. 법적으로는 과거를 볼 수 있고 관직에 오를 수도 있지만 실제로는 돈이 없고 공부할 수 있는 여유가 없어서 이를 이루기는 어려웠습니다.

농사를 짓는 평민의 모습
논갈이, 김홍도, 국립중앙박물관 소장.

농기구나 생활용품은 누가 만들었나요?

농기구나 생활용품 같은 물건을 만드는 사람들을 '장인' 또는 '쟁이'라고 불렀어요. 본래 장인은 관청에 속한 기관에서 주로 무기, 의복, 활자, 문방구, 그릇 들을 만들었어요. 이들은 1년에 몇 달 동안은 관청에 나가서 일하고, 그 나머지 기간에는 자기 마음대로 물건을 만들어서 팔 수 있었어요. 그러다가 조선 후기에는 세금을 내는 조건으로 자유롭게 물건을 만들어서 팔게 되었어요. 점차 농기구나 그릇들이 많이 만들어졌고, 수공업도 한층 발달하였습니다.

책을 펼쳐 놓는 책상인 서안
국립중앙박물관 소장.

은제 과일 무늬 화장품 그릇
국립중앙박물관 소장.

글자, 용무늬 화장품 그릇
국립중앙박물관 소장.

문방구함
국립중앙박물관 소장.

물건 거래도 활발하게 이루어졌나요?

사람들이 가장 많이 몰려드는 곳은 바로 장이 열리는 곳이었어요. 한양에는 사람들이 많이 살았고 사고팔 물건들이 많아서 큰 시전이 만들어졌어요. 시전은 고려와 조선의 도읍지에 있던 큰 상점이에요. 이곳의 상인들을 '시전 상인'이라고 했어요. 지방에서는 5일마다 장이 섰어요. 오늘 이곳에 장이 서면, 내일은 근처 다른 지역에 장이 서고, 그다음 날은 또 다른 곳에 장이 서서 장이 매일 서는 것과 마찬가지였어요. 상인들은 물건을 팔기 위해 매일 장을 찾아서 옮겨 다녔어요. 그래서 이들을 '장돌뱅이'라고 불렀어요.

상평통보
조선 시대에 사용한 화폐예요.
국립중앙박물관 소장.

장사를 하는 상인들
보부상은 보상과 부상을 말해요. 보상은 부피가 작고 비싼 물건을 보따리에 싸서 들고 다니는 보따리장수를 가리키지요. 부상은 부피가 큰 물건들을 지게에 지고 다니는 등짐장수예요.
행상, 김홍도, 국립중앙박물관 소장.

숫자 계산에 사용하는 도구 주판
국립민속박물관 소장.

장이 서는 포구를 향해 물건을 싣고 가는 모습
나룻배 부분, 김홍도, 국립중앙박물관 소장.

어떤 사람들이 노비가 되었나요?

노비는 사회의 가장 낮은 신분이에요. 노비는 대부분 부모의 신분을 물려받아 노비가 되었어요. 때로는 범죄자나 역모 죄로 처형된 양반의 가족들이 노비가 되기도 했어요. 노비는 주로 양반들이 거느린 사노비와 관청에 속한 공노비가 있었어요. 특히 사노비는 빚이나 가난 때문에 노비가 된 사람들이에요. 노비는 노비매매문서가 있어서 물건처럼 매매되고 상속되었어요. 한번 노비가 되면 자자손손 노비가 되기 마련이었어요.

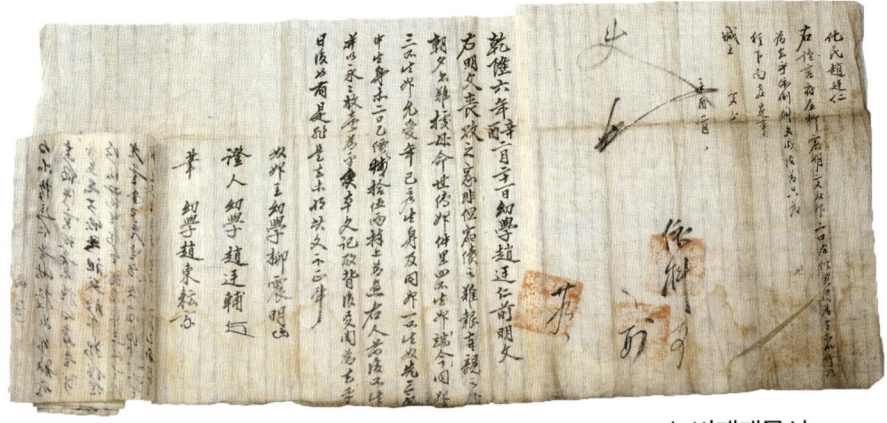

노비매매문서
노비 두 사람을 15냥에 판매한 사실을 증명하는 문서예요. 노비를 팔고 사는 사람의 이름과 노비들의 이름이 기록되어 있어요.
국립민속박물관 소장.

노비 외에도 천대받는 사람들이 있었나요?

조선 시대에는 양인이지만 천한 일을 하는 사람들이 있었어요. 관청의 심부름꾼이나 옥지기, 수군, 봉수대 위의 봉수간, 역졸은 양인이지만 천대받는 신분이었어요. 소금 만드는 일, 물고기를 잡는 일, 목장이나 광산에서 일하는 사람들도 마찬가지였습니다. 이들은 특수한 일을 하는 사람들이었어요. 이들이 맡은 일은 자손들에게 계속 대물림되어 양인이면서도 여러 가지 불리한 조건을 강요받아야 했어요. 백정, 광대, 무당, 기생도 사회에서 천인과 다를 바 없는 대우를 받았지요. 이들은 같은 죄를 짓더라도 다른 양인보다 좀 더 무거운 처벌을 받았습니다.

다양한 신분을 가진 사람들이 모인 연회장
평안감사가 베푼 잔치가 한창이에요. 연회장에서 춤을 추는 기생과 연회장을 둘러싼 역졸들의 모습을 볼 수 있어요.
평안감사향연도 부분, 김홍도, 국립중앙박물관 소장.

노비를 실제로 잡으러 다녔나요?

노비는 주인집에서 같이 살기도 하고, 주인집 근처에 초가집을 짓고 살았어요. 노비들은 주인으로부터 벗어나고 싶어서 다른 곳으로 도망쳐 살기도 했어요. 노비의 주인은 노비를 찾아 달라고 관에 알리거나 사람을 사서 직접 노비를 잡으러 다니기도 했어요. 도망간 노비를 잡는 일을 '추노'라고 했어요. 추노 과정에서 힘없는 백성들이 피해를 보기도 하였고, 노비들의 저항이 심했습니다. 조선 후기에 이르러 추노에 대한 금지 조치가 내려졌습니다.

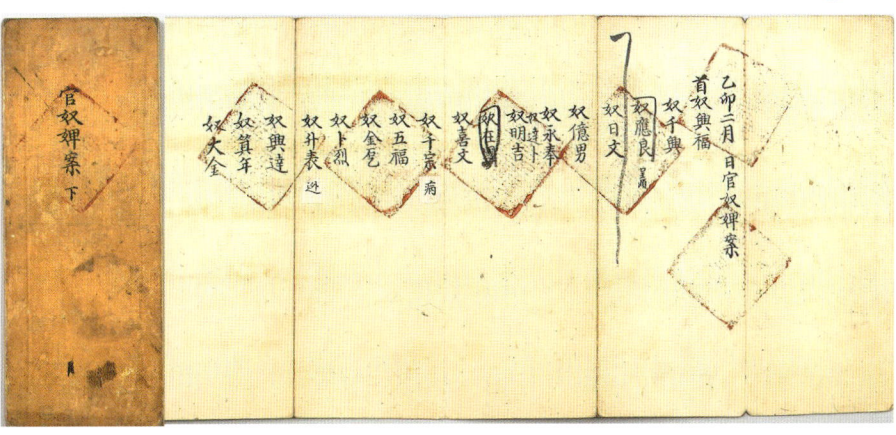

노비 이름이 적힌 노비 명단
1855년에 작성한 관노비 명단인 정읍관노비안이에요.
국립민속박물관 소장.

● **노비 신분에서 벗어나는 방법도 있나요?**
전쟁이나 모반 사건에서 공을 세우거나 자연재해가 심할 때 곡식을 바쳐 노비 신분에서 벗어나기도 했어요. 사노비들도 주인에게 돈을 바치고 노비 신분에서 벗어나기도 하였어요.

노비는 언제 해방이 되었나요?

1801년 공노비 해방이 있었어요. 공노비는 국가 기관에 속한 노비였어요. 이들은 관청에서 직접 일하거나 현물을 내는 것으로 대신하기도 했어요. 조선 후기에는 대부분 현물을 내는 노비로 바뀌었어요. 공노비가 점차 도망을 가니 남아 있는 노비들이 더욱 힘들어졌어요. 그래서 공노비들을 모두 해방시켜 상민처럼 국가에 노동력을 제공하는 조건으로 신분을 높여 줬어요. 일반 양반집의 노비까지 모두 해방된 것은 훨씬 뒷날의 이야기였어요. 노비 세습제는 1886년(고종 23)에 폐지되었고, 1894년에 신분제가 폐지되면서 노비제 또한 제도적으로 막을 내렸습니다.

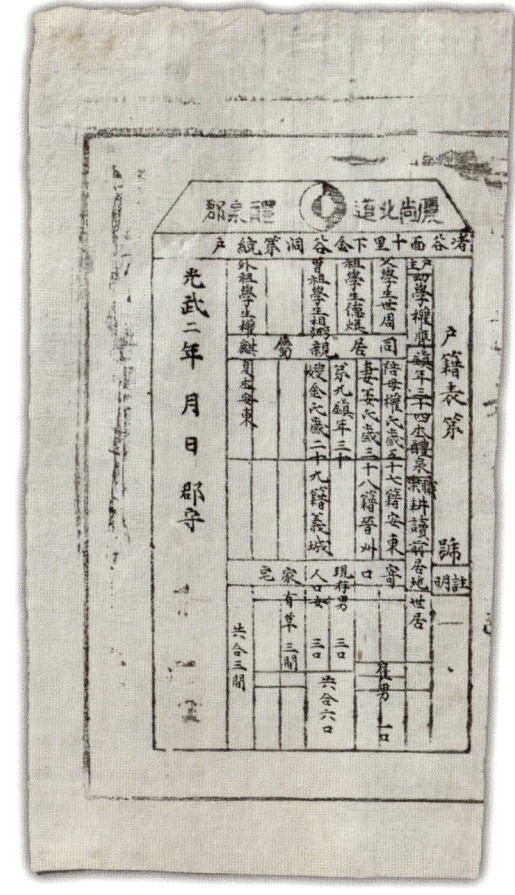

호적표
갑오개혁 이후 신분제가 폐지되어 새로운 양식의 호적표가 만들어졌어요. 호적표에 이름과 주소, 가족의 인적 사항 들을 기록했어요. 국립민속박물관 소장.

양반 여성은 집 바깥에도 나오기 어려웠나요?

유교 사회가 안정되면서 조선은 남성 중심의 사회로 나아갔고 여성은 소외되어 갔어요. 특히 양반집의 여성들은 안채에서 지내면서 어머니로부터 시집가면 남편을 따르고 섬기라는 교육을 받았어요. 여성들은 글을 배우러 서당에도 가지 못했어요. 하지만 어른들로부터 간단히 글을 배우기도 했어요. 양반집 여성은 남편이 먼저 죽어도 재혼하기 어려웠습니다.

집 안의 가장 안쪽인 안채는 여성들의 공간이에요.
조선 시대 남성과 여성의 모습을 잘 보여 주는 그림이에요. 남자아이는 어른들에게 글을 배우고, 여자아이는 어머니에게 시집갈 교육을 받았어요.
평생도 부분, 국립중앙박물관 소장.

사랑방에 모인 손님을 대접하기 위해 여성들이 음식을 내가는 모습
여성들은 결혼을 하면 집안에서 제사 지내는 일과 손님을 대접하는 일을 맡았어요. 평생도 부분, 국립중앙박물관 소장.

천인 여성들은 더 많은 일을 했나요?

천인 여성은 양반집에서 필요한 여러 가지 일을 했어요. 양반집에는 주인아씨를 따라다니는 몸종, 주인집 아이를 키우는 유모, 부엌일을 담당하는 여종이 있었어요. 절구나 방아를 이용하여 곡식을 찧는 일도 여종의 몫이었어요.
때로는 주인의 명령으로 밖에 나가 장사도 했어요. 관청에서도 여종들은 여러 가지 잡일을 하였습니다.

여성만이 맡은 일이 있나요?

집안일과 아이 키우는 일은 여성이 맡았어요. 여성에게 맡겨진 가장 중요한 일은 베를 짜는 일이었어요. 베를 짜는 일은 삼실, 무명실, 명주실로 옷감을 짜는 일이에요. 길쌈을 한다고도 하지요. 베는 가족들의 옷을 짓기 위해서 필요했지만 세금으로 국가에도 납부해야 했어요. 또한 베는 시장에서 돈처럼 사용되었어요. 이렇게 중요한 일이어서 국가에서도 베 짜는 일을 장려했지요. 양반집 여성들도 베를 짜는 일을 했어요. 이 일은 순전히 여성들의 몫이었어요.

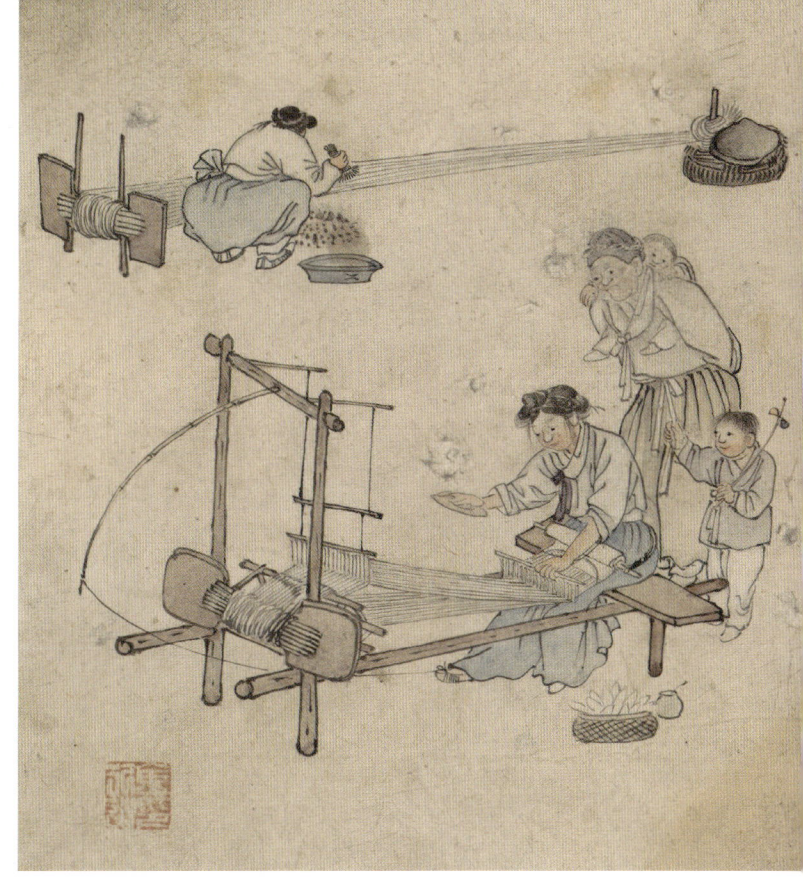

베틀에서 옷감을 짜는 여인
열심히 옷감을 짜는 여인 뒤로 아이를 업은 할머니가 보여요. 그 뒤로는 실에 풀을 먹이고 있는 모습이에요. 길쌈, 김홍도, 국립중앙박물관 소장.

평민 여성은 남성들과 함께 일을 했나요?

상민 여성은 집안일뿐 아니라 바깥일도 해야 했어요. 농민의 아내는 농민이지요. 어민들도 대부분 고기잡이와 농사일을 겸하기 때문에 아내가 해야 할 일이 많았어요. 상인의 아내는 집안일을 하기도 하지만 때로는 남편과 함께 물건을 짊어지고 팔러 다녔어요. 시장 주막의 주모도 여성이었어요.

장사를 하는 여인
주막에서 나그네에게 막걸리를 파는 주모의 모습이에요. 커다란 사발에 막걸리를 담는 여성 뒤로 아이가 보여요. 주막, 김홍도, 국립중앙박물관 소장.

양반들은 어떤 옷을 입었나요?

문관과 무관은 조정에 나아가 일을 할 때는 관복을 입었어요. 왕과 왕비를 비롯하여 모든 관직을 가진 사람들은 궁중에서 관복을 입었습니다. 관복은 품계에 따라 모양과 색이 달랐어요. 보통 양반들의 경우 남자는 바지, 저고리에 외출할 때 두루마기를 입고 머리에는 갓을 썼어요. 여자는 치마, 저고리를 입고 외출할 때는 두루마기와 비슷한 장옷을 머리에 쓰고 얼굴만 드러내는 차림이었어요.

업무를 볼 때 입는 문신의 옷차림
녹색 관복과 쌍학흉배, 삽금대를 착용한 모습으로 대사헌임을 알 수 있어요.
이길보 초상, 국립중앙박물관 소장.

집에서 입는 평상복 차림
동파관을 쓰고 두루마기를 입고 검은색 허리띠를 두른 모습으로 양반들은 집에서도 모자를 쓰고 복장을 갖춰 입었어요.
서직수 초상,
국립중앙박물관 소장.

흰옷을 즐겨 입은 조선 시대 사람들
화성능행도 부분, 국립고궁박물관 소장.

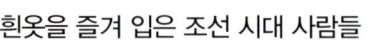

조선 사람들은 흰옷을 즐겨 입었나요?

우리 민족은 흰옷을 즐겨 입어 '백의민족'이라고 해요. 당시 그림을 보더라도 흰옷을 입은 조선 사람들의 모습이 많이 등장해요. 다양한 색으로 옷감을 만들 염료를 구하기 어려웠고, 상복을 입는 일이 자주 있어서 흰옷을 늘 입게 되었어요. 조정에서는 흰색이 상복 색깔이라는 이유로 흰옷을 입지 못하게 했지만 좀처럼 바뀌지 않았어요. 그렇지만 의례를 치를 때는 화려하고 다양한 색의 옷을 입었어요.

평민들은 어떤 옷을 입고 살았나요?

평민들은 양반이나 부자처럼 갖추어 입지 못했어요. 부자들은 비단으로 옷을 지어 입었지만, 상민들은 베옷을 입었어요. 고려 말 중국 원나라에서 목화가 들어오면서 목화를 재배하여 무명옷을 지어 입을 수 있었어요. 무명옷도 못 입어서 한겨울에도 베로 만든 홑바지로 살아가는 가난한 사람들이 많았다고 해요.

여성들의 머리 모양
시집 안 간 처녀는 길게 땋은 머리였고, 부인들은 얹은머리를 했어요. 평생도 부분, 국립중앙박물관 소장.

쓰개치마를 쓴 여인
여성들은 외출할 때 머리와 몸 윗부분을 가리려고 쓰개치마를 쓰고 다녔어요. 신윤복, 국립중앙박물관 소장.

떨잠

여성들의 머리 장식
국립민속박물관 소장.

은비녀

● **여성들의 머리 모양도 유행이 있었나요?**
혼인하기 전에는 머리를 길게 땋아 댕기를 드린 땋은 머리를 했어요. 혼인을 하면 머리를 위로 올린 얹은머리로 단장했지요. 그런데 얹은머리에 보석을 장식하거나 풍성한 머리 모양을 내려고 가체(가발)를 덧씌우는 사치가 심해지자 나라에서는 이를 금하고 쪽으로 대신하게 하였어요. 그래서 혼인을 하면 이마 중심에서 가르마를 타 뒤로 곱게 넘겨서 비녀를 꽂은 쪽진 머리가 나타났습니다.

모자의 모양도 신분에 따라 달랐나요?

모자는 어느 시대든 신분을 나타내는 중요한 상징이었어요. 양반에게는 갓이 필수적이었어요. 갓을 만드는 재료는 말총이어서 값도 만만치 않았어요. 양반들은 집에서 쉴 때도 정자관이나, 복건, 유건 등을 쓰고 있었어요. 이런 복장 덕분에 양반들은 멀리서 보더라도 신분을 바로 알 수가 있었어요. 평민들은 갓을 쓸 수 없었어요. 맨 상투머리로 다녀야 했는데 나중에는 차츰 갓을 쓰기도 했지요. 백정 같은 천인들은 패랭이를 썼어요.

패랭이

탕건 **정자관** **갓**

남자들의 다양한 모자들
국립중앙박물관, 국립민속박물관 소장.

조선 시대에는 무엇을 먹고 살았을까요?

조선 시대에는 주로 쌀밥을 먹었어요. 우리나라 전체를 본다면 쌀을 가장 많이 생산했고 그다음에 보리와 조였어요. 북쪽 지방에서는 쌀보다 조를 더 많이 생산하여 조밥을 많이 지어 먹었지요. 가난한 농민들은 쌀밥을 제대로 먹기 어려웠고 보리밥이나 잡곡밥, 감자를 많이 먹었다고 해요. 쌀이 가장 많이 생산되다 보니 떡을 해 먹고 술도 빚어 먹었어요. 쌀 같은 곡물은 우리 몸에 필요한 영양소의 대부분을 섭취할 수 있어 주식으로 먹기에 우수했어요.

생선 반찬으로 점심을 먹는 모습
강상회음, 김득신, 간송미술관 소장.

떡을 찌는 용기 시루
국립민속박물관 소장.

● **고기와 생선도 많이 먹었나요?**
조선 시대에는 고기는 일상적인 음식이 아니었어요. 농사일 때문에 소를 잡는 일은 금지되었고 돼지나 닭은 곡물을 먹여야 해서 별로 키우지 않았어요. 개를 잡거나 꿩, 노루 같은 야생 동물을 사냥해 먹었어요. 생선은 교통수단이 발달되지 않아 산간 내륙까지는 잘 들어오지 않았어요. 유교 의례가 확산되면서 제사상에 생선을 올리자 점차 소비가 늘어나고 어업도 발전했다고 해요.

곡식을 빻거나 떡을 치는 데 사용하는 절구
국립민속박물관 소장.

곡식이나 콩을 가는 맷돌
가운데 구멍으로 곡식을 넣고 나무 손잡이를 잡고 돌리면 곡식이 갈아져요. 국립민속박물관 소장.

백자와 나무로 만든 떡살
떡살은 떡에 무늬를 넣기 위해 이용하는 도구예요. 떡에 떡살을 눌러서 글자나 꽃 문양을 넣은 다양한 떡을 만들어 먹었어요. 국립민속박물관 소장.

떡살

백자꽃무늬 떡살

떡살

언제부터 김치를 담가 먹었나요?

김치는 오래전부터 담가 먹었지만 고추가 들어오기 전에는 오늘의 김치와는 모습이 조금 달랐어요. 채소를 소금에 절인 음식을 담근 채소라는 뜻으로 '침채'라고 했고, 침채가 지금의 '김치'가 된 것이에요. 김치는 채소의 맛과 영양을 살리면서 오래 두고 먹을 수 있지요. 지금은 배추김치, 무김치가 대부분이지만 예전에는 오이, 가지, 순무 같은 채소로 김치를 많이 담갔어요. 속이 가득 찬 배추가 들어온 것은 19세기에 이르러서였어요. 임진왜란 무렵 고추가 들어오면서 김치 양념으로 고추가 사용되었지요. 단백질을 보충할 수 있도록 젓갈이나 꿩고기, 생선을 김치 속에 넣기도 했어요.

● 외국에서 들어온 먹을거리는 어떤 것이 있나요?

조선 후기에는 남쪽에서 고구마가 들어오고, 북쪽에서는 감자가 들어왔어요. 고구마는 동래부사 강필리가 일본에 갔던 통신사 조엄에게 부탁해서 고구마를 얻어 재배하는 데 성공했어요. 감자는 누가 북쪽에서 가져왔다고 하기도 하고 청나라 사람이 인삼을 몰래 캐러 왔다가 떨어뜨려서 퍼졌다는 이야기가 있어요. 고구마와 감자는 조선 말기에 재배가 활발해져서 일제 강점기에 이르러 많은 양을 수확할 수 있었어요.

가을 김장철에 이웃들이 함께 모여 배추와 무로 김치를 담그는 모습

집 안에는 어떤 시설이 있었나요?

어느 집이든 방과 부엌으로 이루어지는 살림채와 여러 가지 부속채가 있었어요. 먼저 농기구나 살림살이 도구를 넣어 두는 헛간이 있었어요. 곡식을 보관해 두는 곳간도 있었지요. 그리고 화장실에 해당하는 뒷간도 있었어요. 특히 농촌에서는 배설물을 밭농사에 거름으로 쓸 수 있도록 뒷간을 잘 갖춰 놓았어요. 그리고 소와 말을 기르는 외양간이 있는 집도 많았어요. 이런 곳은 시끄럽고 냄새도 나기 때문에 살림채와는 떨어뜨려 놓았어요. 된장이나 간장, 장아찌가 담긴 항아리를 놓아두는 장독대가 있는 것은 필수이지요.

남녀가 따로 방을 썼나요?

조선은 신분 사회였기 때문에 신분에 따라 집의 크기가 제한되었어요. 양반집은 가장과 큰아들이 쓰는 사랑채와 부인들과 어린아이들이 쓰는 안채로 나누어졌어요. 안채에는 남자들이 함부로 들어가지 못하도록 되어 있지요. 방은 온돌을 놓아 따뜻하게 했어요. 불을 때고 음식을 만들어야 하는 부엌은 아궁이를 놓고 물이 부엌 안으로 들어가지 못하도록 문턱을 높게 만들었어요. 조상의 신주를 모시는 사당은 안채나 사랑채의 제일 높은 곳에 만들었어요. 종이나 하인이 사는 행랑채는 문간에 따로 두었습니다.

양반들이 사는 집의 모습
안방과 부엌이 있는 살림채에서 떨어진 곳에 헛간과 외양간이 있었어요. 평생도, 국립중앙박물관 소장.
❶ 여성들의 공간인 안채 ❷ 장독대
❸ 남성들의 공간인 사랑채
❹ 소와 말을 기르는 외양간

가마솥이 걸려 있는 부엌이 보이는 중인의 집
국립중앙박물관 소장.

평민들이 사는 초가집이 보이는 풍경
한양을 둘러싼 성곽 밖으로 평민들이 사는 초가집이 들어서 있어요. 오른쪽으로는 한양으로 들어가는 대문인 돈의문(서대문)이 보여요.
경기감영도 부분, 리움미술관 소장.

평민들은 어떤 집에 살았나요?

평민들은 양반처럼 값비싼 기와를 쓰지 못해 짚으로 지붕을 이은 초가집에 살았어요. 대부분 세 칸밖에 안 되어 '초가삼간'이라고 했어요. 초가집은 방은 작고 천장이 낮았지만 짚을 썰어 섞은 황토로 벽을 발라 지은 집으로, 난방이 잘 되고 습도 조절도 잘 되었다고 해요.

기와집을 짓는 모습
기와이기, 김홍도, 국립중앙박물관 소장.

● **대가족이 모두 함께 살았나요?**
조선 시대에는 대가족이 함께 산 것처럼 생각하기가 쉽습니다. 그런데 집은 보통 방 두세 칸으로 이루어졌어요. 큰 집이라 하더라도 안주인이 있는 안방, 며느리가 있는 건넌방, 바깥주인이 있는 큰 사랑, 아들이 있는 작은 사랑이 하나씩 있는 정도였어요. 그래서 가족이 많아도 주인 가족과 큰아들 가족을 넘어서기는 어려웠어요. 부모님과 아들딸들의 가족까지 모두 모여 함께 사는 집은 거의 없었어요.

어른이 되기 위한 신고식이 있었나요?

조선 시대에는 15세에서 20세가 되면 어른이 된다는 의미로 '관례'를 치렀어요. 남자아이는 뒤로 땋아 내린 머리를 올려서 상투를 틀고 갓을 쓴 뒤 사당에 고하고 어른들에게 인사를 올렸어요. 여자아이는 머리를 올려 비녀를 꽂아 어른이 되었음을 알렸어요. 이를 '계례'라고 해요. 점차 관례는 시집가고 장가갈 때 치르는 절차로 바뀌었지요. 관례를 마친 뒤 기념으로 친구들을 불러 한턱을 내는데 이것을 '댕기풀이'라고 하였습니다.

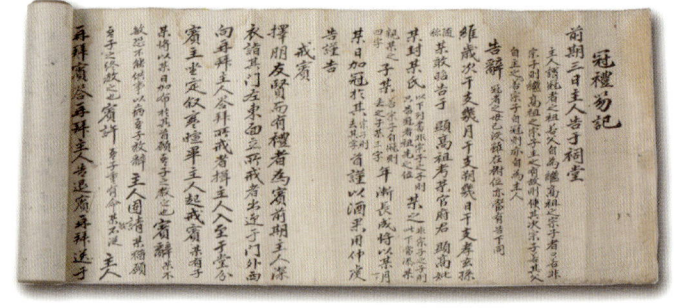

관례 절차와 입을 옷을 정하여 기록한 문서
관례홀기, 국립민속박물관 소장.

혼례를 올리기 위해 신부 집으로 향하는 신랑
청사초롱을 앞세우고 기러기를 안은 기럭아비가 신랑 앞을 이끌고 있어요.
평생도 부분, 김홍도, 국립중앙박물관 소장.

결혼은 어떤 절차를 따라 치렀나요?

남녀가 혼인할 나이가 되면 신랑 집에서는 신부 집으로 사주단자를 보내고 신부 집에서는 혼인 날짜를 잡았어요. 조선 시대에는 신랑이 신부 집으로 가서 혼례를 올린 뒤 신부를 신랑 집으로 데려왔어요. 본래 장가간다는 말은 장인의 집, 곧 신부 집에 가서 산다는 말이었어요. 그러다가 유교의 영향으로 점차 여자가 남자 집에 가서 사는 쪽으로 바뀌었어요. 이것을 시댁에 가서 산다는 뜻에서 시집간다고 했어요.

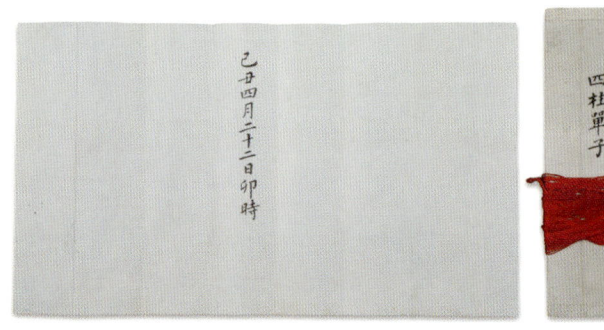

신랑이 태어난 날짜를 적어서 신부의 집으로 보내는 사주단자
국립민속박물관 소장.

부모님의 상을 당했을 때 의식은 어떠했나요?

조선 시대 제사는 유교 의식을 담고 있어요. 그래서 의식이 매우 복잡했어요. 상주가 지팡이를 짚는 것은 슬픔으로 음식을 먹지 못해서 몸이 허약해지는 것을 당연하게 여기기 때문이지요. 상주가 거친 베로 만든 상복을 입은 것은 부모를 여읜 죄인이라는 뜻이에요. 돌아가신 날부터 상여가 집을 나갈 때까지의 날짜는 신분에 따라 달랐어요. 왕가는 몇 개월이 걸렸고 일반 상민들은 3일 또는 5일을 잡았어요. 부모상을 당하면 3년이 지나야 상복을 벗었기에 '삼년상'이라고 불렀어요. 어렸을 때 3년 동안 부모의 품 안에 있었다는 것을 상징하지요.

부모님이 돌아가시고 3년까지는 상복을 입고 제사를 지냈어요.

제사는 누구까지 지냈나요?

부모님이 돌아가시게 되면 그날을 기려서 제사를 지내요. 초기에는 아들, 딸이 돌아가며 지내다가 점차 맏아들이 제사를 맡게 되었어요. 조선 시대에는 아버지, 할아버지, 증조할아버지, 고조할아버지까지 제사를 지냈어요. 돌아가신 날뿐 아니라, 설이나 추석에도 제사를 지냈어요. 제사를 지내기 위해 병풍을 두르고 제사상을 차렸어요. 제사상에 과일, 떡, 고기, 나물 등 각종 음식을 올린 뒤 축문을 읽고 절을 하면서 제사를 모시고 제사가 끝난 뒤에는 친지나 이웃과 함께 제사 음식을 나누어 먹었습니다.

사당과 위패를 그린 그림
집 안에 사당이 없거나 멀리 떨어져서 제사를 지낼 경우 사용하는 그림이에요. 감모여재도, 국립중앙박물관 소장.

일반 백성들은 어떤 신앙을 가졌나요?

오늘날 신앙이라고 한다면 기독교, 불교, 이슬람교 같은 종교를 중심으로 생각하지요. 조선 시대에도 불교, 도교 들이 있었어요. 그러나 백성들이 살고 있는 마을이나 집에 따라 민간 신앙이 있었어요. 농경 사회에서는 무엇이 가장 중요했을까요? 집안이 편안하고 농사가 잘 되도록 제사를 지내는 것이지요. 정월에는 새해의 안녕을 빌고, 가을 추수가 끝난 뒤에는 첫 번째로 수확한 곡식으로 감사의 제를 올렸어요.

목탁을 두드리며 시주를 호소하는 승려의 모습
시주, 김홍도, 국립중앙박물관 소장.

마을의 수호신인 장승은 남녀 한 쌍으로 이루어져 마을의 입구를 나타내는 역할을 했어요. 장대 끝에 나무로 만든 새를 붙인 솟대도 마을의 수호신으로 마을 입구에 세웠어요.

마을마다 어떤 신앙이 있었나요?

조선 사람들은 마을에는 마을을 다스리는 마을신이 있어서 마을의 안녕과 풍요를 보장해 준다고 믿었어요. 마을마다 다양한 마을 신앙을 이루며 살았지요. 보통 마을신을 모신 곳을 '서낭당'이라고 하는데 산지에서는 산신당을 두고, 바닷가 마을과 섬에서는 해신당과 용왕당을 두었어요. 조선 사람들은 마을 어귀에는 장승이나 솟대를 세워서 마을의 풍요를 비는 제사를 지내기도 했지요. 마을마다 신성한 나무 한 그루를 택하여 '당나무'라 하고 마을의 수호신으로 섬겼습니다.

굿을 행하는 모습
왼손에 부채를 든 무당과 쌀을 소반 위에 두고 무언가를 비는 여인의 모습이 보여요.
무녀신무. 신윤복. 간송미술관 소장.

조선 사람들은 집에 어떤 신이 있다고 믿었나요?

조선 사람들은 집 안 곳곳에 신이 있다고 믿었어요. 뒤꼍 장독대 뒤에는 집이 자리 잡은 터전을 관장하는 지신인 터주가 있고, 부엌에는 음식 맛과 가족의 건강을 관장하는 부엌신이 있어서 부뚜막 근처에 정화수를 올려놓고 섬겼어요. 집에는 가옥신이 있어서 종이를 접어서 그 안에 쌀이나 동전을 넣은 뒤 집의 가장 높은 부분인 상량이나 그에 가까운 마루의 벽면에 높이 매달아 놓았어요. 집안에 아기가 태어나면 삼칠일까지(스물하루 동안) 상을 차려 삼신에게 아기의 무병장수를 빌었어요.

마을 사람들은 어떤 놀이를 많이 했나요?

조선은 농업 사회였기에 풍년을 기원하는 놀이를 많이 즐겼어요. 예로부터 정월대보름날이면 마을과 마을이 대항하여 그 해의 풍년을 기원하며 줄다리기를 하며 놀았어요. 줄다리기에서 이긴 마을에는 풍년이 든다고 했지요. 농사철이 끝난 겨울에는 집 안에 모여 윷놀이를 하며 놀았어요.

윷과 윷판
4개의 윷을 던져 승부를 겨루는 놀이 도구예요. 나무토막을 잘라 만든 윷이 바닥에 눕는 모양에 따라 윷판에 있는 말판을 움직여 어느 누가 먼저 들어오나 겨루지요. 국립민속박물관 소장.

팽이치기
손에 팽이채를 든 3명의 아이들이 팽이를 돌리며 노는 모습이에요.
김준근, 국립민속박물관 소장.

씨름은 어느 때 많이 했나요?

두 사람의 힘과 기술을 겨루는 씨름은 주로 단오나 추석에 많이 했어요. 씨름에서 이긴 장사에게는 황소 한 마리를 상으로 주었지요. 씨름 외에도 마을의 풍년을 기원하는 소놀이와 무병장수를 비는 거북놀이도 했어요. 소놀이는 두 사람이 허리를 구부린 뒤 그 위에 멍석을 덮어 소 모양을 만들거나 한지나 나무로 소를 만들어 춤을 추며 노는 놀이예요. 거북놀이는 수숫잎으로 거북 모양을 만들어 그 안에 사람이 들어가 거북처럼 마을을 돌며 노는 놀이예요. 이처럼 조선 사람들은 마을의 풍요를 빌며 모두 함께하는 놀이를 즐겼습니다.

서로 맞붙어 힘을 겨루는 씨름꾼의 모습
씨름, 김홍도, 국립중앙박물관 소장.

여성들은 무엇을 하고 놀았나요?

조선 시대 여성들은 밖으로 나다니기가 정말 어려웠어요. 궁중이나 양반 여성들은 집 안에 정원을 만들어서 쉴 수 있는 공간을 가졌어요. 그러나 평민 여성들은 정말 고단한 삶을 살았어요. 명절이나 되어야 마음 놓고 놀았습니다. 5월 단오에는 여성들이 산에 가서 나물을 뜯어 떡을 쪄 먹었지요. 창포를 삶은 물로 세수하고 머리를 감기도 하고, 창포 뿌리를 잘라 비녀를 만들어서 머리에 꽂았습니다. 그네뛰기는 일 년 내내 억눌렸던 몸과 마음을 활짝 펼 수 있는 놀이였어요. 추석에는 온통 놀이 분위기였으니 모두 함께 어울려서 놀았어요. 전라도 남해안 지방에서는 강강술래를 하였습니다.

투호
항아리에 화살을 던져 넣는 놀이의 도구예요. 많이 넣은 편이 이기는 놀이예요. 남녀 모두 함께 즐긴 놀이였어요. 국립중앙박물관 소장.

단오풍정
물가에서 얼굴과 팔을 씻고 있는 여인이 보여요. 언덕 위로는 커다란 가체를 손질하는 여인과 그네를 뛰는 여인이 한가로운 한때를 보내고 있습니다. 신윤복, 간송미술관 소장.

민본 국가를 꿈꾼 조선 ❷ 조선의 학문과 예술

조선은 어떻게 세계 최대 기록 문화유산을 남겼나요?

차례

훈민정음
훈민정음은 왜 만들었나요?
훈민정음은 어떤 원리로 만들어졌나요?
한글은 누가 주로 사용했나요?

기록 문화
조선 시대 가장 대표적인 기록 문화유산은 무엇인가요?
조선은 어떻게 세계 최대 기록 문화유산을 남겼나요?
의궤는 왜 만들었나요?

학술 기관
집현전은 어떤 곳인가요?
정조는 규장각을 왜 만들었나요?

국가의 인재 양성 기관
조선 시대에도 대학교가 있었나요?
향교는 어떤 곳인가요?

유학자들의 학문과 교유 공간
서원은 어떤 곳인가요?
서원은 학문 교육 이외에 어떤 역할을 했나요?
서당에는 아이들만 다녔나요?

성리학
유교의 예법은 중요한 공부였나요?
성리학은 어떤 학문이었나요?
성리학자로는 누가 유명한가요?

실학과 실학자
실학은 어떤 학문인가요?
실학자로는 누가 유명한가요?
실학은 조선 사회에 어떤 영향을 주었나요?

여성과 학문
신사임당은 어떤 여성인가요?
학문으로 뛰어난 여성도 있었나요?
여성 가운데 실학자라고 일컬을만한 인물이 있나요?

과학 기술
화성은 계획도시였나요?
화성 성곽은 최신 기술로 이루어졌나요?
천문학에 관심이 많았던 이유는 무엇인가요?
백성들에게 시간을 어떻게 알렸나요?
측우기는 왜 만들었나요?

지도와 지리서 편찬
조선 시대에도 세계지도가 있었나요?
우리 땅에 대한 관심이 높았나요?
작은 섬도 중요했나요?

유교 사회 속의 불교
뛰어난 불교 건축물도 있었나요?
임진왜란 때 왜군을 물리친 스님들이 있었나요?
불교 스님들이 유학자들과 교유하기도 했나요?

서민 문화
나라에서 책을 소중하게 여겼나요?
민간에서도 책을 펴낼 수 있었나요?
가장 인기 많았던 소설은 무엇이었나요?
길거리에서 책을 읽어 주는 사람도 있었다고요?

그림과 글씨
우리나라 산천을 직접 보고 그렸다고요?
직업으로 그림을 그리는 사람들도 있었나요?
글씨로는 누가 뛰어났나요?
추사체는 왜 유명한가요?

분청사기, 백자, 공예
백자는 조선을 대표하는 도자기인가요?
분청사기는 누가 사용했나요?
백자가 선비의 모습을 닮았나요?

음악과 춤
궁중 음악이 발달했었나요?
백성들도 음악을 즐겼나요?
조선 시대 사람들은 춤을 좋아했나요?
왜 탈을 쓰고 춤을 췄나요?